Izinhlungu Zomphefumulo
Incwadi Yezinkondlo

Emotional Pain
A Collection of Poems

BONGEKILE JOYCE MBANJWA

Translations by Siphiwe ka Ngwenya

Botsotso Publishing

Botsotso Publishing
Box 30952
Braamfontein
2017

Email: botsotso@artslink.co.za
Website: www.botsotso.org.za

ISBN 978-0-9814068-9-3

We would like to thank the National Arts Council of South Africa and the
National Lottery Development Trust Fund for their support in making
this publication possible.

Designer: Katherine Finlay

Amazwi okubonga

Ngithanda ukubonga amadodana ami uNkosinathi kan-
ye noSiphamandla Sikhakhane, ngokuthi bangibekezelele
bangigqugquzele nalapho ngizwa ngiphelelwa yithemba.
Ngiphinde ngibonge umndeni ofudumele wakwaBotsotso ow-
abona inhlansi ilokoza, bafisa ukuthi iphenduke imbuthuma
ukuze soothe isizukulwane siKaZulu. Allan Kolski Horwitz no
Siphiwe Ka Ngwenya, nginethulela isigqoko banewethu. Ngin-
gakhohlwa abashicileli bethu, ngithi nime njalo.

I would like to thank my sons, Nkosinathi and Siphamandla Sikha-
khane, for their patience and encouragement even when I had lost
hope. I would also like to thank the warm family of Botsotso who
saw a spark and wished it could turn into flames so that a whole
Zulu generation could warm themselves. To Allan Kolski Horwitz
and Siphiwe Ka Ngwenya – I take off my hat to you, my brothers.
Not forgetting our publishers, hold on.

Okuqukethwe / Contents

Isivakashi Esingamenywanga

Uvele ukhethe
Uvele ugxamukele
Uvele uqambe
Bese uyaphatha
Uqhoqhobale wonk'amatomu

Iyini inhloso yakho na?
Ukuzocaza umndeni?
Ukuzodala inzondo?
Ukuletha ubuhlungu?
Uphinde ulethe imibuzo engapheli?

Uqeda ukuzimela
Ufika nefu elimnyama
Uvalela abantu ejele
Ngaphandle kokuqulwa kwecala
Ubamba ngesidlozana
Kuthule umoya

Namunye ongathi uphunyulile
Sivakashi ndini ufika nomanini
Nanoma kubani
Ngiqinisekile ngawe
Ungumnewabo wokufa.

Uninvited Guest

You just choose
You just interfere
You just give a name
And you control
And stiffen the entire bridle

What is your intention?
Is it to divide the family?
Is it to create hatred?
Is it to bring pain?
And bring endless questions?

You just wipe out independency
You bring in a dark cloud
You lock people inside prison
Without trial.
You hold by the throat and
Bring silence

Not even a single person can escape.
Damn guest you come at any time
To anyone.
I am certain about you
You are a brother to death.

Isihlahla Sezimanga

Akukholakali
Akubonakali
Akuzwakali
Siqalekil'isihlahla
Isihlahla simile
Abantu bayasibuka
Basibuke bathalalise

Akukho namunye ofun'ukuchith'isikhathi
Angithi asinabuhle, namthunzi
Ngibukile, ngicabangile
Ngahlolisisa ngafisa ngafak'isandla
Ngasifaka ngaphindelela

Zahamba izinsuku
Zahamba izinyanga
Qhamukiyani ihlobo!
Vumbukiyani amagatsha!
Ngabukisisa angangakholwa
Babukisisa abangakholwa
Sakholwa ngamagatsh'aluhlaza cwe

Amagatsha namahlamvu axox'indaba
Indaba engaqondakali
Eqondwa yithi sobabili
Sakhumula ukudangala
Sagqoka ukumamatheka
Ukumamatheka kwashada uthando
Uthando olukhashwa izinyembezi
Izinyembezi zenjabul'egelezis'okomfula.

Miracle Tree

It is unbelievable
It has never been seen
It is unheard of
The tree is dry
The tree is standing
People are looking at it
They look and shy away

No one wants to waste time
It is because it possesses no beauty, it has no shadow
I have looked, I have thought
I searched deep and lent a hand
I lent a hand continuously

Days went by
Months went by
There arrived summer!
There emerged branches!
I looked again but could not believe my eyes
They looked again but could not believe their eyes
We only believed when we saw green branches

Branches and leaves tell a story
An unbelievable story
It is understood by the two of us
We took off disappointment
And wore a smile
Our smile married love
Love accompanied by tears
Tears of joy that flow like a river.

Kufana Nokufa

Kufikisela amahloni
Kufikisela inzondo
Kulethe intukuthelo
Kulethe indathane yemibuzo
Kuphithane ikhanda
Impilo iye ngokufiphala

Amaqhawe akulelizwe
Ngaphimisa uthando
Wangemukela ngothando
Wanginika ubuwena
Wangembesa ngentokozo
Ngajuluka intokozo

Ngabitoza okwesele ngizabalazile
Kwanhlanga zimuka nomoya
Wathukuthela wagana unwabu
Ngathukuthela ngathelwa ngamanzi

Kufana nokufa qiniso manje
Ngiwumbhede wezifiso
Ngiwumcamelo wezinhlungu
Ngiyingubo yemibuzo
Engapheli.

It is similar to death

It brings shame
It brings hatred
And brings anger
Confusing the mind
And life vanishes

I looked and admired
I pronounced love
You welcomed me with affection
You gave me your real self
And covered me with jubilation
I sweat from happiness

I struggled like a frog
Things got worse
You fumed with anger
I got angry as if drenched by water

Really it is similar to death now
I am a bed of wishes
I am a pillow of pain
I am a blanket of questions
Endless questions.

Ningizimu Afrika Uthule Uthini?

Izehlo zilandelwa izigameko
Izigameko zilandelwa izigigaba
Izigigaba zilandelwa izigemegeme
Izigemegeme ezikugqema engeqiwa ntwala
Ningizimu Afrika uthule

Aphi amaqhaweakulelizwe na?
Baphi abaculi abavelele?
Baphi OLucky Dube?
Namuhla balele kobandayo
Izimbumbulu ziyihlwithile imiphefumulo yabo
Imiphefumulo ebingalali ubusuku nemini
Isebenza kanzim' isebenzele' isizwe
Isizukulwane silahlekelwe isibili
Ningizimu Afrika uthule

Woza zolo
Woza nesasasa lakho
Woza muntu wasemazweni
Woza nogqozi lakho
Woza nelukuluku lakho

Ngizizwa ngishaywa luvalo
Bonke bamatasatasa
Ubugebengu buthatha elinye igxathu
Zingakhi izidumbu ezizolala?
Zingakanan' izidakamizwa ezizoshushumbiswa?
Zingakanan' izinkedama ezizobulawa ububha?
Bangakhi abazoxhawula igciwane lengculazi?
Ningizimu Afrika uthule.

South Africa, Why Are You Silent?

Actions are followed by statements
Statements are followed by great events
Great events are followed by serious happenings
Serious happenings which beat you hard
South Africa you are silent

Where are heroes of this land?
Where are popular singers?
Where is Lucky Dube?
Today they are sleeping in the cold
Bullets have snatched their lives
Souls that lay awake day and night
Working hard working for the nation
Our grandchildren have lost really
South Africa you are silent

Come 2010
Come with your pride
Come you people from other countries
Come with your courage
Come with the burning inside you

I am very afraid
All of them are busy
Crime is taking another step
How many corpses are going to lie down?
How many drugs are going to enter our country?
How many orphans are going to die from poverty?
How many are going to shake the hand of HIV/AIDS?
South Africa you are silent.

Akhelwa Abanjani?

Miningi ibekwa
Baningi beyephula
Imihla namalanga
Izikhulu nabantukazana
Bayaphambana nawo

Angithi uphuliwe ekuqaleni
Uyophulwa nasekugcineni
Bajeza ekuqaleni
Kufanele bajeze nasekugcineni
Kepha obani abafanele ukujeza?

Akhelwa ukukinatela
Akhelwa ukukhalakathisela
Akhelwa ukuqoqa imiqondo
Ibuye emhlabeni ovulekile
Izungeze ndawonye

Kwawena uzungeze ndawonye
Okwenkukhu yomshini
Akhelwa kona ukubangquma
Okwemthombo yombila
Kodwa akhelwa abanjani?

For Who Are They Built?

Many laws have been introduced
Many broke the laws
Everyday
The rich and poor
They are at loggerheads against them

Was it not broken in the beginning?
It shall be broken in the end
They must be punished in the beginning
They must be punished in the end
But who is supposed to be punished?

They are built to chain
They are built to lock inside
They are built to rehabilitate minds
To come back in an open world
And circle around one place

And you must circle around one place
Like a cloned chicken
They are built to imprison
Like seeds of maize
But who are they really built for?

Ngabuya Ngilambatha

Ungangisola ngaliphi?
Ungangibek'icala ngaliphi?
Imizamo izanyiwe
Ukuzabalaza kuphelile
Isiziba sizonzobele
Awachithwe lamanzi

Ubumina buyangigqilaza
Ubumina bungiphendule uhlanya
Ubumina bungivalele ekhoneni
Ubumina bungibophe izandla nezinyawo
Ngihambe ngiqholosha
Ngibuye ngikhwantshe umsila okwenja

Isililo ngisidindile
Ngasidinda kwananela isela
Langinyonyobela laze langithi thansi
Selandini uze wangibeka kwelamathongo
Wangibeka ungangendlalele, nakhona
Kwelamathongo ngabuya ngilambatha.

I Came Back Empty Handed

How can you blame me?
How can you accuse me?
We have tried
The struggle is over
Deep waters are quiet
Let us just give up

My real self is enslaving me
My real self is turning me into a mad person
My real self has locked me in corner
My real self has tied my hands and legs
I swagger when I walk
And came back with my tail between the legs like a dog

I have cried loud
I cried loud and a thief enjoyed
The thief tip toed snatched me
Damn thug you took me to my ancestors
You took me there without making a bed for me
Even in the land of spirits I came back empty handed.

Yima Kancane

Awunamsebenzi
Yebo
Uyisilahlwa naboya
Yebo
Uletha isiqalekiso emndenini
Yebo
Uyazizwa ukuthi sekwanele
Yebo
Kodwa yima kancane

Akukh'ukujabula
Yebo
Uzibona uwumthwalo kubantu
Yebo
Umhlaba uya ngokuncipha usuku nosuku
Yebo
Uphila nombuzo owodwa
Ngiphilelani?
Yebo
Kodwa yima kancane

Ugcwele inzondo nentukuthelo
Yebo
Umhlaba unameva macala onke
Yebo
Ucabang'ukuthatha impilo yakho
Yebo
Kodwa ngithi yima kancane.

Hold On

You have no job
Yes
You are a vagabond
Yes
You bring a curse to the family
Yes
You can feel that it is enough
Yes
But hold on

There is no joy
Yes
You see yourself as a burden to the people
Yes
The world is getting small every day
Yes
You live with one question
What am I living for?
Yes
But hold on

You are full of hatred and anger
Yes
The world is thorny from all sides
Yes
You think of taking your life
Yes
But hold on.

Ukuphi?

Iminyango ivaliwe
Ngizama ukulalelisisa
Kuthule kuthe cwaka
Kodwa kuphela kunomsinjwana

Kuzwakal'ubuhumuhumu
Kuzwakal'ukubalisa
Kuzwakal'ukubabaza
Kuzwakal'ukuklewula
Kuzwakal'isibibithwane

Izigi ziza zilekanyana
Ziyosithela zilandelana
Baqgiha begqihile
Izinhlungu zemuka nabo

Intokozo sesiyizwa ngendaba
Umhlaba uhlabisa okomcibisholo
Umcibishol'ohlab'ushiy'ubuthi
Abantu sebaphenduka izimpisi
Inzondo seyaphenduka umqhele
Esiphongweni somhlaba

Ubuntu butshaliwe bamila
Kodwa sebupheshethwe umoya
Sebaphenduka inganekwane kulomhlaba
Kazi, ukuphi?

Where Are You?

Doors are locked
I am trying to listen
It is very quiet
But there is only the noise in the end

You can hear mumbling
You can hear regret
You can hear people exclaiming
You can hear screaming
You can hear sobbing

There is constant stamping
They follow one another and disappear
They writhe and writhe
Anguish is taking them away

We only hear happiness like a story
The earth pierces like an arrow
An arrow that stabs and leave poison
Human beings have turned into hyenas
Hatred has become a crown
On the forehead of the earth

Humanity has been planted and it sprouted
But it has been blown away by the wind
Humanity has been turned into a fairytale in this world
Where are you?

Siyazi

Siyofika isikhathi esingaziwa
Liyofika ihora elingaziwa
Liyofika noma kuphi
Liyofika noma nini
Liyofika noma kanjani
Hawu! Kodwa!

Ngizw'izinhlungu zomphefumulo
Izinhlungu ezihlaba zihlikize zingaphumuli
Ngizwe sengathi inhliziyo iyachachamba
Ngizizwe ngifikelwa ukuba udela
Udela wakwabo kadelekile

Ngishiselwa izinyembezi
Ezishisa zigingqilika ziwe ubuqathaqatha
Lapho ngihlaselwe imicabango
Ngemiyalezo nemisebenzi oyishiyele isizwe
Usifudumezile isizwe mntakaBaba

Selokhu ngingenalo ikhambi
Selokhi ngingenawo amandla
Amandl'okucisha lomlil'osh'ubuhanguhangu
Angivume wethu

Lucky Dube lala ngoxolo mfowethu
Uyibekile induku ebandla
Yebiwe eyakho impilo namhlanje
Oyebile neyakhe isendleleni-Siyazi.

We Know

The unknown time will come
An unknown hour will come
It will come anywhere
It will come anytime
It will come anyhow
Oh! But?

I can feel emotional pain
Pain that stabs and destroys without tiring
And my heart thumping
And feel like giving up
Giving up a relative to surrender

Tears burn in my eyes
They burn and fall continuously
When thoughts attack me
About the message and work you left behind for the nation
You have given warmth to the nation, my father's child

Since I do not have medicine
Since I do not have strength
The strength to extinguish these wildfires
I have to agree my friend

Lucky Dube rest in peace my brother
You have paved the way
Your life has been stolen today
The one who stole your life, his life also is on the way
We know.

Ukuze Uqonde

Ukuba yijazi
Ukuba yisigqila
Ukuba yisitebhisi
Ukuba yisilahlwa
Ukuze ukuqonde
Yiba nokukhubazeka

Ukuba umbele wemali
Wezikhungo zabakhubazekile
Uphinde ubeyibhange
Lezisebenzi zikahulumeni
Ubuye ube ucansi lezinyawo
Izinyawo zeziqumama
Sezifinya ngendololwane
Ukuze ukuqonde
Yiba nokukhubazeka

Ucele usizo ubusuku nemini
Akukho namunye osabelayo
Kuhulumeni nasemiphakathini
Bonke bayaqinisekisa
Baqinisekis'ukungabaluleki kwakho
Kwawena uzizwe ungelutho
Kodwa ukuze ukuqonde
Yiba nokukhubazeka

Ukubandlululwa sekwaba yinsakavukela
Ukubukelwa phansi
Abantu babon'ukukhubazeka
Bangamboni umuntu
Kodwa ukuze ukuqonde
Yiba nokukhubazeka.

For You to Understand

To be a jacket
To be a slave
To be a stepladder
To be forsaken
For you to understand
You must have a disability

To be a breast of money
For those who are abled
And be the belt
For civil servants
And be a grass mat for feet
The feet of the rich
The feet of the wealthy
For you to understand
You must have a disability

And ask for help day and night
No one will listen
The government and community
They all emphasize
They emphasize your worthlessness
And you also feel worthless
But for you to understand
You must have a disability

Discrimination has become obvious
To be undermined
People see a disability
And not see a person
But for you to understand
You must have a disability.

Wona nje Wodwa

Ilanga liphuma lishone
Kudlule izinsuku, ihubo likhona
Kudlule izinyanga neminyaka
Ukuhuba kusekhona

Kwaqala ukuthandaza
Kwemihla namalanga
Izinyembezi ziyaqathaka nsukuzonke
Ziqathakela kulomhlaba
Zongcwatshwa kulomhlaba

Ziyongcwatshwa kuyoze kube nini?
Ubuhlungu buyonyamalala nini?
Usuku nosuku ithemba liyancipha
Konke kufana nephupho
Ubani onecala na?
Uphi uMdali na?
Amandla angiphelele

Amalangabi angikhothe kwanele
Induku ngiyisuthi
Uthando, injabulo kanye nethemba
Kuthe galo yephuka
Ubumina buyaphansi eweni
Wona wodwa sewulinde uMvelinqangi
uMvelinqangi ukuze acosh'izinsalela zawo.

The Only One

The sun rises and sets
Days pass by, the song is there
Months and years pass by
Singing is still there

Prayer began
Day to day prayer
Tears fall every day
They fall on this earth
They will be buried on this earth

How long are they going to be buried?
When shall pain vanish?
Day in and day out hope disappears
Everything looks like a dream
Who is guilty?
Where is the Creator?
My strength is gone

Flames have licked me enough
I have had enough of the stick's beatings
Love, joy and hope
Ran away
My real self falling down the cliff
I am now waiting for God
The Almighty to collect my remains.

Kwakhala Nyonini?

Ngithubeleza ebumnyameni
Ngizama ngiphindelela
Ngicabangile ngokukhanyisa kwemfundo
Kepha isibani siyafithisa
Isibani sifithiza sakucisha
Ubumnyama bunyonyobela ukukhanya

Nginyathelile ezinyaweni zawokhokho
Ngabathola ngemuka nabo
Izinyembezi ziwangan'esilevini
Kodwa ifu elimnyama linami
Liyanyonyoba phezu kwekhanda lami

Ngabona kusinda kwehlela
Ngaguqa ngedolo ngakhuleka
Ngakhuleka kuMvelinqangi
uMvelinqangi owazi kangcono ngami
Kodwa kwanhlanga zimuka nomoya

Ngizikhandlile empilweni
Ngibekezelil'emhlaben'ohlabayo
Kancane ithemba liyaphela
Kancane amandla ayaphela
Ubimina buyangishiya
Kanti siyini isisekelo?

What Happened?

I am forcing my way in the dark
I try again and again
I thought about the light of education
But the lamp is fading
The lamp flicks as if it is off
Darkness is attacking light

I have touched the footsteps of ancestors
I found them and walked away with them
Tears falling down their chins
But the dark cloud is with me
It is crawling over my head

I experience difficulties
I knelt and prayed
I prayed to God
The Creator who knows best about me
But everything went worse

I have done everything in my life
I lost no hope in this thorny world
Slowly, slowly hope disappears
Strength is vanishing
My real self deserts me
What is the solution?

Sizoshonaphi?

Impilo ihlabis'okomcibisholo
Impilo ishisis'okomllilo
Impilo ivungusis'okomoya
Impilo ifana nozamcolo
Uzamcolo onganik'ukuphumula
Ukuphumula komphefumulo kuyaveva

Wonke umuntu udidekile
Wonk'umuntu uyathunukala
Unembez'usuleng'esihlahleni
Amehl'abantu avuth'umlilo
Izinhliziyo zigubuzelwe yinzondo
Inzondo abashade nayo

Umuntu akanasibunte nasaguga
Angabi nabuhle nabumnandi
Uhlala abuke kade
Abuke acabange kade
Anyanye anxaphe aveve
Anxaphe kwehl'intukuthelo
Intukuthelo igawule ingaphezi

Kukhalwa ubumayemaye
Empumalanga yonkana
Kukhalwe ubumayemaye
Entshonalanga yonkana
Kunanele inyakatho neningizimu
Sizoshonaphi?

Where Shall We Go?

Life pierces like an arrow
Life burns like fire
Life blows like the wind
Life is like dew
The cold that does not give rest
The peace of the soul shivers

Everyone is confused
Everyone is hurt
Consciousness hangs on a tree
People's eyes are like burning fire
Hearts are engulfed by hatred
Hatred they are married to

A person has neither child nor an elder
Does not have beauty and joy
One looks far
One thinks far
Feel ashamed, exclaim with anger and shiver
Exclaim with disgust and let anger fall
Anger chops endlessly

People cry loud
Everywhere in the east
People cry loud
Everywhere in the west
North and south did the same
Where shall we go?

Gqabula Amaketango

Casha, phuma, lala
Amazwi emihla ngemihla
"Ningamvezi baze bahambe"
Ngiqashiswe okwembuz'ezohlatshwa
Imibuzo iyalekanyan'ekhanda lami

Ngihamba ebumnyameni
Ngingqubuzeke ngaze ngafunda
Ngifun'indlela ngezinyawo
Izandla zami ziphuthaze
Kulekelel'amakhala nezindlebe

Sengizizwa nginokuthemba
Kuphela nya ukwesaba
Kuphela nya ukuzenyeza
Kuphela nya ukuncika
Umhlaba wangiwola
Wangiwola wanganga.

Break the Chains

Hide, come out, and sleep
Those are everyday words
"Never take him out until they leave"
I am watched like a goat to be slaughtered
Questions pile up on my head

I walk in darkness
I bashed myself until I learned
Looking for a way with my feet
My hands touching in search
Until my nose and ears come to my rescue

Now I have hope
Fear has disappeared
Low self esteem is gone
Looking for a place to hold on to has ceased
Earth took care of me
Earth took care of me and embraced me.

Khohlwa

Ngichiphizille ngichobozela
Ngaklabalaza ngadezuluka
Ngimabokoboko amahl'ayigazi
Kepha isibindi
Unembeza nothando
Kungiqhuba okwenkomo
Inkom'ifakwa ediphini

Ngichotshozeliswa uthando
Okwentombi nesoka
Inhlonipho nethemba kungiqhoqhobele
Kodwa konke ukushaya indiva

Namuhla kunamuhla
Nkungu ushabalele
Mehlo uvulekile
Mqondo uswabulukile
Bumina ngishade nawe
Ungudondolo lwami lwaphakade.

Forget

I shed tears and blushed
I screamed and shouted
My face is swollen and bruised, my eyes are bloodshot
But bravery
Consciousness and love
Leads me like a cow
A cow led to the deep

I blush because of love
Like a maiden and a suitor
Respect and hope watch me
But you just ignore all

Today is the day
Mist you have vanished
Eyes you are opened
Mind you are clear
My real self I am married to you
You are my everlasting staff.

Alukaze Lubekhona

Ungagaqa ngamadolo
Ubondloze ngakho konke
Umbambathe wembese
Uhleke inhlinini
Ucwebise amehlwana
Kodwa lona alukaze lubekhona

Inhliziyo uyindlale okocansi
Wakhombis'uthand'olumangalisayo
Wakhombisa ukunakekela
Wafukamel'okwesikhukhukazi namaqanda
Wasebenza walandela iziyalo
Kepha akekho obheke kabili

Izinhloni azikho nhlobo
Ubuqotho bomuntu abaziwa
Inhlonipho ayaziwa nakancane
Kuphela uyoba udindwase
Umfazi wemfene
Ngoba alukaze lubekhona.

It Never Existed

You can go on your knees
Give presents to gain favours
Pat with a hand and cover
Laugh with a grin
And make your eyes shine
But it never existed

Spread your heart like a grass mat
And showed surprising love
And showed compassion
Hatched eggs like a hen
You worked and followed the advice
But no one looked twice

There is no shame
A person's righteousness is unknown
Respect is unknown
You will only be like dindwase – an ape's wife
Because it never existed.

Uphawu

Unabuphi ubuhle na?
Unaluphi uju na?
Unaluphi udobo na?
Udobo olungabuyi lulambatha
Ufika nobumnyama okobusuku

Ungen'imizi nemizana
Ushiye uphawu ngemumva
Uphawu olungenabulili
Uphawu olungenaminyaka
Uphawu olungenasigwili
Uphawu olungenasifundiswa

Uqoqa kuqaqambe inhliziyo
Kulume isisu kozele
Kuxeg'amadolo kom'umlomo bantakababa
Ubon'umhlab'usigubuzela
Usigubuzela kuphele ukwazi

Abantu baphenduk'izithuli
Abantu baphenduk'izimpumputhe
Kwand'amaxhegu
Kwand'amaxhegukazi
Sesahlala sizichitshana okwezinkawu

Akekho ongathi ubanjwe ngesidlovana
Ukulubela ubumnandi kuphelile
Amaphupho ashabalele
Impilo ishabalele
Ishabalalise okwentuthu yamaphepha.

A Mark

What kind of beauty do you have?
What kind of honey do you have?
What kind of fish hook do you have?
A fish hook which does not come back empty handed
You bring darkness like the night

You visit big and small houses
And leave a mark behind
A mark that does not have gender
A mark that does not have age
A mark that has no wealthy person
A mark that does not have an educated person

You collect until a heart pains
And the stomach pains and is sleepy
Knees get weak; the mouth dries out my father's children
And see earth closing on us
Closing on us leaving us dumb

People have turned mute
People have turned blind
There are a lot of grandfathers
There are a lot of grandmothers
We are like monkeys

No one can claim to be strangled
To enjoy pleasure it's over
Dreams are gone
Life is gone
It has disappeared like smoke from papers.

Iningi Liyabubona Ububende

Ngishumayele ngokusukuma
Basukuma
Ngifundisa ngokuzethemba
Bazethemba
Ngashumayela ngokuzenzela
Bazenzela

Ngahlwathiza ngifuna
Ngifumane ngibhondele
Ngigqugquzelwa yintokozo
Ukubalisa nezinyembezi
Kwaphenduka amaphupho
Amaphupho ayofezeka langalimbe

Izindaba zahambisa okomoya
Won'ovunguza kusuk'amaphepha
Namunye ofun'ukuzwa ngendaba
Bagcwala kwaphuphum'intokozo
Amancoko, ukuhuba, igidigidi
Kwadla umunyu

Baqinisile uma bethi
Iningi liyabona ububende
Umlungisi uzithela isisila
Kwahlanganwa kwehlukanwa
Iminwe yakhomba yaphindelela
Ngadabuka ngadangala
Ngadangala ngadela
Ngageza izandla.

A Multitude Spoil the Blood Dish
(Too Many Cooks Spoil the Broth)

I preached about standing up
They stood up
I taught about faith
They had faith
I preached about doing things for ourselves
They did things for themselves

I paced up and down looking
I found myself mashed
I am inspired by joy
Being worried and tears
Turned into dreams
Dreams to be fulfilled another day

News spread like the wind
The wind that blows away papers
No one listens to what is said
They were flooded by joy
Jokes, singing, a roar of laughter
Bitterness had no place

They are telling the truth when they say
The multitudes of people spoil the blood dish
The one who puts things in order gets blamed
They met and parted ways
Fingers pointed continuously
I felt sorry and ashamed
I felt ashamed and gave up
I washed my hands.

Ngangena Ndlwa!

Ngakugona wangigona
Ngakuwota ngakuwota
Wangiwota ngakuphuza
Ngakuphuza ngaphindelela
Ngaphindelela kwadum'izulu
Kwakhala ubuhlwihlwihlwi
Ngavukwa wuhlevane

Amehlo alokoza uthando
Uthando olufikisela isinxi
Isinxi savula izandla
Izandla zawola umhlaba
Kwaxeg'amadolo
Kwavuz'amathe
Ngalubela, ngazela, ngaphupha

Ngikwethembile Thembekile
Ngakuthobela Thobekile
Ngakuthanda Thandekile
Nganikela ngobumina
Ubuwena bangemukela
Ngazidela amathambo
Ngangena ndlwa kwesinengwenya.

I Entered Deep!

I embraced you and you embraced me
I caressed you and you praised me
You praised me and I kissed you
I kissed you continuously
I kissed you continuously and the sky blazed
There was rustling
I got possessed

Eyes sparkled with love
Love that brings shock
Shock opening hands
Hands collected the soil
Knees weakened
Saliva dripped
I desired, felt sleepy, I dreamt

I trusted you Thembekile
I respected you Thobekile
I loved you Thandekile
I gave myself
Your self welcomed me
I braved myself
I entered in the crocodile's deep waters
I got into the river with the crocodile in it.

Silapha Ukuzohlala

Kungaba nzima ukukukholwa
Kungaba nzima ukuphila nakho
Kungaba nzima ukukuthanda
Kodwa silapha ukuzohlala.

Yiba wokuthandayo
Qiniseka ukuthi ubalulekile
Yiba namandla okunayizolo
Lwela ilungelo lakho
Ngoba silapha ukuzohlala.

Kuhle ukubekezela
Kuyadingeka ukufundiseka
Kubalulekile ukuqonda
Ngoba silapha ukuzohlala.

Akuqali futhi akugcini
Umhlaba uyazala
Uzala ungakhethi
Isikhathi ukuzilungiselela
Ngoba silapha ukuzohlala.

We Are Here to Stay

It might be difficult to believe
It might be difficult to live with it
It might be difficult to love
But we are here to stay

Be what you like to be
Be sure that you are useful
Have more strength than yesterday
Fight for your rights
Because we are here to stay

It is good not to lose hope
It is necessary to be educated
It is important to understand
Because we are here to stay

It is not the beginning or the end
The earth gives birth
It gives birth without any choice
The weapon is to be prepared
Because we are here to stay.

Ngingowaphi?

Kufanele ibekhona yona
Imvelaphi yami ikhona
Kanti ngiyaphazama
Bengithi akukhondawo enjengekhaya
Kodwa iqiniso lithi,
Akukho sihogo esinjengekhaya

Ngizamile ngifisa imfudumalo
Umphakathi bengithi uyalalelisisa
Kodwa nawo ungiphendule ngenhlanekezela
Ngabona kugqamuka izinhlansi
Ngadidizela, bewufung'ukuthi
Ngidlule emavovweni

Ngifulathela ngibibitheka
Ngifulathela nginesifuthufuthu
Ngifulathela ngizulelwa yikhanda
Ngifulathela ngichitha izandla
Ngoba ngisho umhlaba ungichithile
Kanti mina ngingowaphi?

Where Do I Belong?

It must be there
There must be my origin
Maybe I am mistaken
I thought there is no place like home
But Truth says
There is no hell like home

I tried hoping for warmth
I thought the community was listening attentively
But they answered me with a slap on my face
And I saw sparks
I staggered, you could swear that
I pass by in booze

I turned my back sobbing
I turned my back fuming
I turned my back, head spinning
I turned my back throwing my hands
Because even the world has thrown me out
Where do I belong?

Ubuhlalu Buhlakazekile

Wo, he! Lafa elihle kakhulu
Lafa elikaMjokwane kaNdaba
Saphendulwa izithuli
Saphendulwa izingini
Saphendulwa izimungulu
Nsika dini uwiswe ngubani?

Yayimile lendlu kaZulu
Wawungafunga uthi yinqanawe uqobo
Kepha namhlanje iwise okwebunga
Ngibheka emuva ngibone ukukhanya
Ngibheke phambili ngithole
Inkungu ivimbanisile

Ngifikelwa wumbuzo ongapheli
Singama kanjani isihlahla
Ngaphandle kwezimpande na?
Ukukhula kukhona singanakekelwanga?
Umthunzi wokuphumula UZulu wona?
Angisayikhulumi eyokuthela izithelo

Singanakekelwa kanjani
Lokhu sazi konke kulomhlaba?
Ngisho nemithetho uqobo
Ivule wonke amasango
Mhla igazi lichithekela esikhumbeni
Pho, liyokhalinywa ngubani?

The Beads Are Scattered

Ho, he! The beautiful one (King Shaka) is gone
The son of Mjokwana Ka Ndaba has passed on
We turned deaf
We became limbless
Became mute
Where is the shelter?

The house of Zulu was standing
You could swear that it was a ship
But now it has fallen
I look back and see light
I look forward and get
A mist clouding

An endless question comes
How does a tree stand
Without its roots?
How can it grow without being nurtured?
What about a shadow where Zulu will rest?
I don't even mention bearing fruit

How can we take care of it
Because we know everything in this world?
Even the laws
It has opened all the gates
When blood spills on the skin
Who will stop it?

Ngiyohlala njalo ngibuza amangcwaba
Emithi eyagotshwa isemanzi
Ngiphinde ngibuze amangcwaba
Amathole ancela konina angaphazama
Izihlahla ezanakekelwa zaphuza
Zenela zakhiqiza izithelo

Ubani ozokhalima inkomo efohlayo?
Angithi abakhalimi bavalwe imilomo
Zoqondiswa ngubani izigwegwe na?
Angithi abaqondisi bavalwe imilomo?
Angithi banqunywe izandla
Angithi baye bathenjiswa ngisho
Ezimnyama izisele.

I will always ask graves
Of the trees bent while young
And ask about the graves of the lambs
Still suckling milk from their mothers who can make mistakes
Trees that were taken care of and they drank
They were enough and bore fruit

Who will stop a cow forcing itself through the fence
Is it not true that those who reprimand are gagged
Who will right the wrongs?
It is not true that their hands are cut?
Is it not true that they were even promised
Dark prison cells.

Ziqhenye

Ungakhonjwa ngeminwe
Ungaba yinhlekisa yomhlaba
Ungaqanjwa ngawo wonk'amagama
Ungabona ubuwena buyize
Kodwa, ngithi ziqhenye.

Udaliwe ngenhloso
Emehlwen'akh'ubalulekile
Ulethiwe kulomhlaba
Thokoza njengabanye
Phila njengabanye
Ngena lapho bengena khona
Fika lapho befika khona
Ngithi ziqhenye.

Lapho uzwa elika"shemu"
Hleka wedwa okohlanya
Lapho uzwa bekwahlulela
"Kodwa bandla enjena"
Bahleke usulu
Phokophela oshintshweni
Isizwe siyaludinga
Ziqhenye.

Sula izinyembezi
Yima isibindi
Bamba isikhali solwazi
Ukuze abantu baqonde
Ngithi ziqhenye.

Be Proud of Yourself

They can point fingers at you
You can be the laughing stock in the world
They can call you names
You can see yourself being worthless
But I say, be proud of yourself

You have been created with a purpose
In your eyes you are important
You have been brought up in this world
Rejoice like others
Live your life like others
Enter where others enter
Arrive where others arrive
I say, be proud of yourself

When you hear the word "shame"
Laugh aloud like a mad person
When you hear them judging you
"But people... she is like this..."
Laughing out loud
Go forward to change
Nations are craving for it
Be proud of yourself

Wipe away your tears
Stand firm and be brave
Take hold of the weapon of knowledge
So that people will understand
I say, be proud of yourself.

Niyibekile Induku Ebandla

Nifike kwakhanya bha
Angithi umhlaba bewusivalele?
Wonk'umuntu ubesibheka athalalise
Wonk'umuntu asifulathele
Besibuka baphelelwe yithemba
Namunye aphinde acabange ngathi

Angithi sifana nesihlahla esingenampilo
Esingenaqabunga ubusika nehlobo
Umbuzo uthi pho, simi kanjani?
Namunye oke wafisa ukusihlola
Kepha nina nisixilonge nxazonke
Niqhamukile nesu lokusinakekela

Sinakekelwe sahluma amaqabunga
Saphenduka saba luhlaza cwe
Siyoyekelani ukuthelanjengezinye?
Lokhu siyanakekelwa nsuku zonke
Siphuza amanzi nsuku zonke

Sibonga lezizingwazi eziphume zayophuza
Ziphuze zafisa ukuba yimpendulo
Impendulo yalombuzo ongaphenduleki
Kungani belokhu beshiywa ngemuva?
Kungani engekho nje ongabamba iqhaza?

Siyanibonga ngegxathu lenu bafowethu
Nikhiphe inyoka emgodini
Angithi nihlabe umkhosi kwezwakala?
Kwanyakaz'iTheku kwanyakaz'iPitoli
Baningi bafisa ukuzwisisa kahle lendaba

You Have Paved the Way

You arrived and there was brightness
Is it not that the world had been closed for us?
Everyone would look at us and just shy away
Everyone would turn their backs on us
They would look at us and lose hope
No one would ever think of us

Is it not because we are like a lifeless tree
A tree without a leaf in winter and summer
My real self has locked me in a corner
No one wished to check it
But you have assessed all sides
You came with a plan to take care of it

You took care of it until seeds sprouted
It became evergreen
How will it stop to bare fruit like other trees?
When it is nurtured everyday
It drinks water everyday

We thank these heroes who went out to drink
They drank and wished to be an answer
An answer to this unanswerable question
Why are they always left behind?
Why is the no one who can take an initiative?

We thank you for your effort my brothers
You took out a snake from its hole
You shouted for help and everyone heard
You shook Durban & Pretoria
Many people want to hear it nicely

Angithi namhlanje sinezinsizwa-kuloba?
Angithi namhlanje siphuza njengamanye?
Singena endaweni siqholosha
Kungenxa kaSANLI benoNASA
Khuluma phela uthi impumputhe ayizwa

Phambili bafowethu, zibambeni ziqine
Umfula ugeleze njalo njalo ungashi
Ifa laphakade size silibambe lingashabalali
Ze siwuncele lombele sisuthe sitshakadule
Sitshakadulise okwethole lisanda kuncela.

Today we have all the facilities
Today we drink like others
We enter places with others
It is because of Sanli and NASA
Talk thinking that a blind person can't hear

Forward my brothers hold it tight
This stream shouldn't disappear
For us to lick this teat & be strong
Be strong and run like a calf after the milk.

Iqolo

Ngikhungathekile bakwethu
Isizwe sifumbethe ize
Siphi isizukulwane?
Ziphi izintombi nezinsizwa?
Iyovuswa ngobani imizi yobabamkhulu?
Ngithi siyoziqhenya ngani na?
Bonke ubuhle bushabalele
Bushabalele ngenxa yeqolo

Sihleke kwavela elomhlathi
Uhulumeni, noxhaso lwabantwana!
Sabonga sancinciza
We! Vuleliyane amanzi ngomsele
Yangen'inkomo kubhontshisi
Iphupho likahulumeni alisenakufezeka
Liphenduke enkulu imbibizane
Mina ngishaywa luvalo

Angithi yonk'intsh'ikhala ngeqolo
Wakhuluma ngejazi lomkhwenyana
Uyoyikhoth'imbenge yomile
Iningi lithi "uma bebanti nje ngibovu, nginehange uqobo"
Ngikhulumile ngangalalelwa
Ngayala ngomlilo wequbula, kwangezwakala
Iqolo livale izindlebe nemiqondo

Child Grant

I am ashamed, my people
The nation holds emptiness
Where is the grandchild?
Where are maidens and boys?
Who will raise the homesteads of our forefathers?
What is going to give us pride?
All beauty has disappeared
It has disappeared because of the child grant

We laughed until our last teeth showed
The government brought aid to children
We expressed our appreciation from the depth of our hearts
We! We opened a stream of water
There entered a cow on the beans
The government's dream cannot be fulfilled
It has slapped us with a back hand
I am scared

The youth is crying for a child grant
You spoke about the condom
You will regret it
The majority say, "If I could have so many babies I would be rich"
I spoke but no one listened to me
I warned about the big fire, no one heard
The child grant has deafened ears and made minds dumb

Qolo ndini usishaye udume
Lwengoz'engeqiwa ntwala
Kazi lamanzi agelezayo
Ageleza nje ayokhalinywa ngani
Ayokhalinywa ngumfokabani?
Sizwe, uyobe ulaphi?
Sizwe uyobe uphetheni?
Kodwa kunjenje kungenxa yeqolo.

Child grant you beat us hard
Causing us to bear an unconcealed scar
What will happen to this flowing water?
How are we going to stop them?
Whose son will stop it?
Nation, where will you be?
Nation, what will you hold on to?
Things are like this because of the child grant.

Stimela Sempilo

Uwola ungaphezi
Uwola ungabheki
Uwola ungahlungi
Uwola uz'uwole nameva
Ngisho ingqwangane uqobo!

Nasi isithelo ngapha
Nasi isitshalo lapha
Nansi ingqwangane idlangile
Ayinabuhle nakukhephuzela
Kwasitshalonasithole sokondla isizwe

Kuphi lapho uthi kumnandi
Abantu bayadla bayesutha
Abantu bethola usizo
Bebona inqubekela phambili
Fikiyane wena mevandini

Ngilalelisise kahle
Ngithola zikhathi zonke
Ulimi lwakho kungolwenyoka
Ihlo lakho livutha umlilo wenzondo
Angithi konke okuhle okwakho?
Angithi ufisa ukub'unconyiwe?

Umhlaba kufanele ukhothame
Kuwe ngqwanganendini
Angithi ngisho izifundiswa ezigogodile
Kufanele zilalele wena?
Wena ngoba vele wazi konke

Train of life

You gather up without end
You gather up without looking
You gather up without separating
You even gather thorns
Even a species of the spiny shrub!

Here is fruit this side
Here is the crop there
The spiny shrub is too much
It possesses neither beauty nor blossom
Even the crop and seed of the nation

Where can you say it is enjoyable
People eat enough
People get help
They can see progress
There you come damn thorns

I have listened attentively
I understand every time
You have the tongue of a snake
Your eyes burn with the fire of hatred
Everything beautiful belongs to you
You wish to be praised

The world should bow down
To you spiny shrub
Even the learned
Have to listen to you
Because you know everything

Iminyaka elishumi nanye
Sizwile ngayo ukulendima
Kubonakele ikunika iziqu zomhlaba
Sohlala sibuza siphindelela bothona
Liphi iphepha pho?

Into ekhona kule ndawo igidela wean
Ujabule kuvele elomhlathi lapho
Kozakwenu kugeleza izinyembezi
Bonke ubuhle buyashabalala
Kodwa kazi koba nini?

Langa limbe kuyofika umlilo wequbula
Oyoshisa kusale umlotha
Mlotha nguw'oyoxox'indaba
Lapho intokozo iyokhephuka okwegwebu
Kugelez'izinyembezi ngenxa yenkulu injabulo
Mhla washabalala mevandini.

For eleven years
We heard about it at this level
We saw it awarding you the degrees of the world
We will ask continuously
Where is the paper?

Everything here in this place dances for you
You become happy until your last tooth shows
To your friends tears flow
All beauty disappears
But until when?

One day wildfire will come
That will burn and leave ashes
Ash that will narrate a story
Where joy will rise like foam
Tears will flow because of joy
When you disappear damn thorns.

Umtakuli

Ukgubani kahle kahle?
Ungokabani?kuphi lapho ukhona?
Umbuzo obuzwa ubusuku nemini
Ngibuz'impendul'esobala
Uyindoda nobaba ongahluleki

Angithi wonk'amadoda ayehluleka?
Angith'omama bathwele bayanyinyitheka
Kanti luphi uthando lwendoda?
Kanti kuphi ukuba ngumnumzane wekhaya?

Kazi thando wake waba khona?
Zingane naphonswa kuhle kwebhola na?
Inkemane yemuka nabo
Izifuba zihlala zimanz'ungafunga ukuthi zinethwe yimvula

Mame uzamile udelile
Mame amandla aphelile
Uqhoqhotshelwe wumzwangedwa
Izisinga zothando zikuhudul'okwenja neketango

Qhamukiyane wena ongabonwayo
Qhamukiyane isabambene ngezihluthu eyokuhluphekaqha-
mukiyane namacebo, ulethe ukumamatheka
Kanye nentokozo engenakh'ukulinganiswa
Vulekiyane umqondo, vulekiyan'amehlo kumama
Maye! ngoba uyisimanga ezimangeni

Saviour

Who are you really?
To whom do you belong? where are you?
This is a question asked day and night
I am asking an obvious answer
You are a man and an undefeated father

Is it not true that all men have been defeated?
Is it not true that mothers are burdened by the heavy load?
Where is manly love?
Where is the man of the homestead?

Love are you really there?
Children you are thrown around like a ball
Poverty has taken you away
Chests are always so wet you could swear they have been
drenched by rain

Mother you have tried in vain
Mother your strength is gone
You are gripped by loneliness
Ropes of affection drag you like a dog with a chain

There came the invisible one
You came during the bitter battle of suffering
The unseen came with plans
And brought a smile
And immeasurable joy
Our mind opened up, there open mother's eyes
Maye! You are wonder of wonders

Ngingufakazi oqanda ikhanda
Ngibishile esidakeni sothando olunameva
Babandini ushabalalis'okwentuthu yamaphepha
Ngiphenduke undingasithebeni uqobo
Namunye ozwe isililo
Namunye ozikhathaze ngezinhlupheko zami
Kepha wena, uzwe ngandlebenye
Mtakuli.

I am your true witness
I have drowned in a quicksand of thorny love
Damn father! You disappeared like paper smoke
I have turned into a real wanderer
No one heard my cry
No one bothered about my suffering
But you, you heard with one ear
Saviour.

Mkhumbi Wezimanga

Usebenzile mkhumbi wezimanga
Ingathi utakule izigqila
Ezingazange zithole thuba
Ithuba lokuncela ubisi lomhlaba
Oluyifa lakho wedwa
Ongasoze walushiyela muntu

Mkhumbi wezimanga
Buzwakele ubuwelewele
Buzwakele ubugodlogodlo
Izitobhi zigcwele ziyanyinyitheka
Kulindwe wena Mkhumbi wezimanga

Selokhu uqalile ugimba awugcwali
Angithi ungundabuzekwayo?
Kuphuma intsha kuphume esinedolo
Kubukeka kuliphupho qiniso
Kwazwakala kuyimbude uqobo

Babodwa abangazwisisi
Abathi ngozwa phambili
Bafike babheme bakholwe
Kuqhibuke izihlathi
Inhliziy'iphuphum'intokozo

Lapho umuntu ezibona
Ezibon'kwazi ukubamba
Usiba alubeke ephepheni
Namuhla kunamuhla
Isina muva liyabukwa

Mysterious Ship

You have done your best, mysterious ship
You have rescued slaves
Slaves who never got a chance
A chance of sucking the milk of the earth
Which is your only will
A will you can not leave for another person

Mysterious ship
The voices have been heard
The beginning has been heard
Harbours are overcrowded
Everyone is waiting for you, mysterious ship

You have not stopped overeating but you are not enough
Because you are the talk of the town
The youth come out, even elders come out
It is like a dream really
It is like a lie

There are still those who do not understand
Who say I will hear when I arrive there
And they look in disbelief
And they smile joyously
Their hearts become flooded with jubilation

When a person looks at oneself
And sees that one can hold a pen
And put the pen on paper
Today is the day
Those who laugh last, laugh longest

Ungene mkhumbi wahlwanyela
Ungene negugu lomhlaba
Wafika nokhiye uqobo
Wafika nefa laphakade
Namunye ongakuphuca lona

Ngithi phambili nenqola kamagayisa
Phambili nenqola emasondosondo
Phambili nqola enqamula
Izihosha nemiqansa
Ngisho kuwe lifa laphakade.

The ship enters and berths
You brought in the most loved on earth
You came with the real key
You came with an everlasting legacy
No one can snatch it away from you

I say forward with the wagon
Forward with the wagon with many wheels
Forward wagon that crosses ridges and long distances
I am referring to you everlasting treasure.

Uze Ungaqali

Ngisizwile isililo
Ngakubona ushabalala
Ngikubonile ushaya uzamthilili
Ngakubona uchazisisa
Ngikubonile ukhungathekile
Kodwa-ke, uze ungaqali.

Uchiphiza izinyembezi
Ubitoza okwexoxo
Wazilahla okwensizwa
Izilahla entombini
Izethembiso zehlise okwemvula
Ikhanda linqekuza linqekuzile

Uvalo lushaya luphindelela
Wabonga waze waxhawula
Waxhawula isihogo uqobo
Wakubonga ukuya kwalwashe
Amehlo aluvindi, ngiyaqonda
Kodwa ngithi, uze ungaqali.

Lomgodi uphenduka eyishumi
Ubish'okomfazi esidakeni
Ungalaleli isibindi
Ungafikelwa yithemba
Bamqamba ngokumazi
Ngoba akenyulani kepha uyashonisa.

Don't Even Start

I heard a scream
I saw you vanish
I saw you wandering around
I saw you explaining in detail
I saw you struggling
But, you must never start

You shed tears
You writhe like a frog
Throwing yourself like a young man
Pouring his heart out to a lady
Promises falling down like rain
The head tilting and tilting

Fear thumping continuously
You said thanks by shaking hands
You shook hands of hell
You said thanks for heading to death
Eyes fading, I understand
But I say, you must never start

This hole becomes tenfold
Like a woman in quicksand
Never listen to bravery
Let not hope overcome you
They named him because they know
He does not rescue, he drowns you.

Ngolokhu Ngishilo

Sibabazile koma amathe
Umuntu wonke uphenduke isinkwa
Siphithizeliza okwezimpethu
Isililo siqhuma phezulu
Sithandaza kuphele umthandazo
Isiphetho kube ukundwaza
Kodwa ngolokhu ngishilo...

Zikhukhula ndini nifike nonya
Anangasinika thuba nakucabanga
Kwakhalwa ubumayemaye
Yemuk'imizi yabafowethu
Yaphuma imiphefumulo
Izinhliziyo zagobhoza igazi
Sasala sikhungathekile

Izingozi ziseluhlaza cwe
Fikiyane udlame
Udlame nalo olwashaya laqothula
Zalala zilekanyana izidumbu
Imizi yaphenduka amakloba omlilo
Amanxiwa aphenduka amadlelo
Amawa aphenduka amakhaya

Khona manje kuxhuphuzel'isisu
Abantu baphenduk'izilwane uqobo
Kudlwengulwa zaguga
Kudlwengulwa zingane
Kudlwengulwa zilwane
Sesahlala sibambe umoya
Kodwa ngolokhu ngishilo...

I Will Always Say

We cursed until our saliva dried out
Every person has turned into bread
We walk helter skelter like worms
The scream reaches the sky
We pray but prayer ends
We become dumbfounded in the end
But I will always say...

Damn floods you came rudeness
You gave us no chance to think
People cried out in sorrow
Our brother's houses were washed out
Lives were lost
Hearts oozed blood
We were left helpless

Our wounds are still fresh
There came violence
Violence which wiped out everything
And corpses piled up
Houses turned into burning flames
Houses became grazing fields
Dongas became homes

Now our stomachs rumble
Human beings have become real animals
Grannies are raped
Children are raped
Animals are raped
We are always holding our breath
But I will always say...

Bumnandi bomhlaba sewashabalala
Nang'umashayabhuqe uhlasele
Ukhiqiza izintandane imihla ngemihla
Izintandane ezingenamhlaba
Izintandane ezokhula nozozo
Izintandane eziyokhula nemibuzo
Imibuzo eyobe ingenazimpendulo
Kuphela ziyobe zembethe ububha
Nokuhlala zibhodla umlilo

Ngifikelwa ukwesaba nokuthuthumela
Umhlaba usuyisihogo uqobo lwaso
Izimanga ziqeda ukwazi nokuqonda
Izimanga ziqeda uthando
Zitshale inzondo nobulwane
Amandla okuzama aphelile
Amandla okucabanga aphelile
Kodwa ngolokhu ngishilo
Osaphila ufa kancane, kancane, kancane.

Happiness has vanished in the world
Here is HIV, AIDS is besieging
Giving birth to orphans everyday
Orphans without land
Orphans that will grow up in a shack
Orphans that will grow up with questions
Questions without answers
They will only be covered by poverty
And they'll be full of hatred

I am gripped by fear and shivering
Earth is really hell
Strange things end knowledge and understanding
Strange things end love
Planting hatred and animosity
The strength of trying is gone
The strength of thinking is gone
But I will always say
One who still lives dies slowly, slowly, slowly.

Kuhlabisa Okomcibisholo

Ubumina buyangigqilaza
Ubumina bungiphendula inhlwa
Ubumina bungiphendula isitha
Ubumina bungiphendula isilwane
Konke kuhlabisa okomcibisholo

Kufa ngiyakwesaba
Kufa ungihlwithe izithandwa sami
Izithandwa ebengizithanda nobumina
Zingithanda zingenamahloni ngobumina
Baba nodadewethuningithandile
Ningihloniphile nangipha imfudumalo
Imfudumalo engisancike kuyo nanamuhla
Nakuba impilo ihlabisa okomcibisholo

Izindunduma zigubuzele intokozo yami
Ukufa kungivalele ejele ngingenacala
Kwangembesa ngosizi nezinhlupheko
Izinhlupheko zokweswela umpheme
Izinhlupheko zokuba ngumbele wemali

Ngizizwa ngingelutho
Ngizizwa ngingenamhlaba
Ngiphinde ngingabi nalungelo
Ngizobalekelaphi?
Ngizokhalela bani?
Bengithi nginomndeni ozongizwa
Bengithi nginomphakathi ozongizwisisa
Kanti ngishaye phansi
Konke, kuhlabisa okomcibisholo.

It Pierces Like an Arrow

The real me enslaves me
The real me turns me into a snake
The real me turns me into an enemy
The real me turns me into an animal
Everything pierces like an arrow

Death I am afraid of you
Death you snatched away my loved ones
The loved ones I admired
They loved me without being ashamed
Father and my sister you loved me
You respected and gave me warmth
Warmth I am still holding on to even today
Even when life pierces like an arrow

Hills conceal my joy
Death locked me in jail without reason
And covered me with sorrow and suffering
Suffering without shelter
Suffering of being a breast of money

I feel worthless
I see myself without land
And without rights
Where shall I run to?
To whom will I cry to?
I thought I have a family that will listen to me
I thought I had a community that will listen to me carefully
But I was fooling myself
Everything pierces like an arrow.

Gobhoza Njalo Mthombo

Baningi abanxaniwe
Baningi abasazonxanwa
Baphuzise ungakhathali
Ngiphuzise ungakhathali
Ngathi ngidonsa umoya
Nganxanwa sengathi angikaze ngiphuze

Ngelule isandla sami
Ngaselula ngilila nginxaniwe
Ulalelile walalelisisa
Uyibonile inhlansi yokuphokophelela
Ukuphokophelela ukuphuza
Ngithi, gobhoza njalo mthombo

Ngiyixoxile indaba ayangaqondakala
Kepha mhla kuzelwe i-Isis X
Abantu babheme bakholwa
Ngazizwa ngizelwe kabusha
Intokozo nogqozi kwaba yijoka
Ijoka losiba nephepha

Ngithi phambili zingwazi zalomthombo
Nginethulel'isgqoko bafowethu
Niwusingathe ngenhlonipho lomthombo
Ukuze ugobhoze njalonjalo
Siphuze siphindelele
Phambili Botsotso phambili.

Let the Stream Flow

Many are thirsty
Many are still going to be thirsty
Let them drink do not get tired
Allow me to drink do not tire
It is like I am inhaling air
I am thirsty as if I never drank anything

I stretched out my hand
I stretched it out crying and thirsty
You listened and listened attentively
You saw the spark of perseverance
Going forward to drink
I say, let the stream flow

I related the story but no one understood
But when Isis X was born
People really believed
I felt born again
Joy and inspiration became a yoke
The yoke of paper and pen

I say forward warriors of this stream
I take off my hat to you my brothers
You carry this stream with respect
So it can flow forever
So we can drink continuously
Forward Botsotso forward.

Uyowulahlaphi Unembeza?

Kungaphezu kokuthanda
Ngungaphezu kokunakekela
Kungaphezu kokulwela
Kungaphezu kokuvikela
Ngizwa kubanda amathumbu

Ungumntwana kuwena
Ungumntwana futhi uyigugu kumzali
Uyigugu futhi uyithemba lesizwe
Imbewu ezokwandisa isizwe

Unalo ilungelo lokondliwa
Unalo ilungelo lokufunda
Unalo ilungelo lokuba nompheme
Unalo ilungelo lokuba ngumntwana
Unalo ilungelo lokuvikelwa

Kepha lempicabadala ehlongozwayo
Ingomisa amathe
Iza nomnqamlezo, kepha zinoju
Luvala amehlo luvale izindlebe
Ngoba wonk'amalungelo awakho

Uneshumi nambili leminyaka vo
Usunephomede yokukhulelwa
Usunephomede yokuhushula isisu
Sewukwenzile kwakulungela nomalungelo
Uyoguga nini uzihushula na?
Uyowulahlaphi unembeza na?

Where Are You Going to Throw Away Your Consciousness?

It is beyond love
It is beyond care
It is beyond fighting for
It is beyond protecting
I feel cold in my intestines

It is a child to you
It is a child, treasure to its parent
It is the beloved one and hope to the nation
A seed that will make the nation multiply

It has a right to be maintained
It has a right to education
It has a right to shelter
It has a right to be a child
It has a right to be protected

But this idea that confuses elders
My saliva dries out
It brings a cross, though it has honey
It blinds the eyes and deafens ears
Because all the rights are yours

You are only twelve years old
You have a permit to fall pregnant
You have a permit to abort
You have done it and everything went well for you Nomalungelo
(you with rights)
When are you going to grow old, aborting?
Where are you going to throw your consciousness?

Sizihlabe Ngowethu

Banesithukuthezi
Abacatshangelwe
Abakhel'izindawo zokujabula
Bajabule, bajame, kuze kuse?
Yebo ngoba banamalungelo.

Ulindele liphi ikusasa na?
Ulindele buphi ubuqotho na?
Impilo elula nemnandi iyisithandwa
Isithandwa semiphumel'ebabayo
Ukubaba kwayo kukhothwe
Kuze kukhothwe ngisho ngumntwan'ozelwe
.

kwakuthiwa ligotshwa liseva
abadala babengaqambimanga mtakababa
liphi ingcwaba labaphila kulesosimo?
Siwavule gengelezi amasango
Sazihlaba ngowethu.

We Stabbed Ourselves with Our Own Spear

They are bored
Let us think for them
Let us build recreation centres for them
To be happy, to stare, till dawn?
Yes, because they have rights

What kind of tomorrow are you waiting for?
What righteousness are you waiting for?
An easy and joyous life is a lover
A lover of bitter results
A bitterness to be licked
And even be licked by a new born baby

Ancients used to say, bend it while it is still wet
Elders were not lying, my father's child
Where is the grave of those who lived in that situation?
We have opened the gates wide
We have stabbed ourselves with our own spear.

Isela

Lashintsh'izulu
Lagqunqa laba mnyama suce
Lahloma kwaxhuphuzel'isisu
Ngantanta endlini, ngaphuma ngangena

Laphons'imibani yadedelana
Lasho layidedel'imvula
Kwageleza amanzi kwagcwal'izihosha
Kwaphethuk'iziphethu yonk'indawo

Lwangithi heqe uvalo
Kulomhlaba awusaqondi nqindi nasibhakela
Isela lifika noma kanjani, nanini
Sesahlala sithuthumela sithuka izanya.

Thief

The weather changed
Turned pitch black
It became cloudy and the stomach rumbled
I ran up and down in the house, I went in and out

Lightning struck continuously
Released rain
Water flowed and flooded
There were tidal waves everywhere

Fear attacked me
In this land you cannot understand
A fist from a punch
A thief comes anyhow, anytime
We are always shivering with fear.

UBongekile Joyce Mbanjwa wazalelwa eMgungundlovu ngo 1962. Wafunda kulezikole ezilandelayo: eZwartkop Primary School, Imbubu Primary School, Mpande Secondary School. Kwezemfundo ephakeme ufunde kwaSACSSP, University of Natal, KwaZulu-Natal Sign Language Academy nase UNISA. Usebenze eNatal Society for the Blind. Manje usebenza e-Epilepsy SA njengoSonhlalakahle. Umsebenzi oseceleni ufundisa eNdumezulu Adult Centre njengomfundisi, uqashwe Eunisa. Emsebenzini wobumbongi ubhale iProse kwiBotsotsoMargazine 13 kanye nezinkondlo ezinhlanu kwi-Isis X.

Bongekile Joyce Mbanjwa was born in Pietermarizburg in 1962. She attended Zwartkop Primary School, Imbumbu Primary School, Mpande Secondary School and Qoqisizwe High School. She continued with tertiary education at SACSSP, University of Natal, KwaZulu-Natal Sign Language Academy and UNISA. She worked at the Natal Society for the Blind, but now she works at Epilepsy SA as a social worker. She also works part-time at Endumezulu Adult Centre as a teacher. She is employed at UNISA as a tutor. One of her stories was published in Botsotso 13 and five poems were published in the anthology of womens poetry and photography, Isis X.

Printed in the United States
By Bookmasters